LE PETIT LIVRE DES GENS HEUREUX

DANS LA MÊME COLLECTION

Le Petit Livre du CHOCOLAT
Le Petit Livre des MAXIMES DE L'AMOUR

Jean Gastaldi

Le Petit Livre du BONHEUR
Le Petit Livre de la SAGESSE
Le Petit Livre de la SÉRÉNITÉ
Le Petit Livre de la TENDRESSE
Le Petit Livre des PROVERBES
Le Petit Livre de MAMAN
Le Petit Livre de PAPA
Le Petit Livre de la PENSÉE POSITIVE
Le Petit Livre de la PAIX
Le Petit Livre pour RÉUSSIR SA VIE
Le Petit Livre de la JOIE DE VIVRE
Le Petit Livre des GRANDS-PÈRES ET DES GRANDS-MÈRES

Liane Beaurepaire

Le Petit Livre de L'AMITIÉ
Le Petit Livre des AMOUREUX
Le Petit Livre de l'OPTIMISME
Le Petit Livre de LA FEMME

Jack Chaboud

Le Petit Livre de la PARESSE

Stella et Francis Lalanne

Le Petit Livre de l'ENFANT

Greer Allica

Le Petit Livre de la MÉDITATION FACILE

Jean Gastaldi

Le Petit Livre DES GENS HEUREUX

ÉDITIONS DU
ROCHER
Jean-Paul Bertrand

ISBN 2 268 04454 8

Il faut célébrer les gens heureux. Ceux qui éclairent la vie de leur bonheur. Apprendre à être bien et comblé de joie pour passer les obstacles que vous impose le destin.

Ce petit livre n'a d'autre prétention que de proposer quelques réflexions sur ces gens, heureux de l'être. Sur la vie et sa fragilité. Son miracle et son harmonie.

Le temps, cet ennemi invisible, mesure et séquence notre existence. Il dépend de nous d'embellir ce passage, de l'éclairer par un rapport heureux et constant aux autres et à nous-mêmes. Le bonheur s'apprend et se construit. Tel un soleil, il rayonne et réchauffe l'entourage. Nous pouvons ainsi transformer les événements rencontrés par une attitude positive et bienveillante.

Être heureux, c'est porter en soi, avant tout, cette capacité d'amour qui éclaire et sublime notre chemin de vie.

Jean Gastaldi

Les gens heureux
vont souvent deux par deux.
Ils s'accompagnent,
se tenant par la main,
le cou ou la taille
et prononcent à voix basse
des mots doux et joyeux.

Être heureux,
c'est être conscient
du bonheur de vivre
et partager ces instants
avec les gens que l'on aime.

Les gens heureux
donnent autour d'eux
de bonnes raisons
de mieux vivre aux gens
déprimés ou malheureux.

Les gens heureux
chantent ou fredonnent
souvent la ballade
de Gérard Lenorman.

Si les gens heureux
n'ont pas d'histoires,
ils façonnent, en revanche,
l'histoire de l'humanité
de façon positive.

Les gens heureux
sont ceux qui font
avec les fines gouttelettes
de la vie des océans d'amour.

Les gens heureux
portent en permanence
le sourire du bonheur.

être heureux,
c'est être à l'heure du bonheur,
à l'heure de soi-même.

Pour être heureux,
il faut d'abord
le vouloir avec intensité.
Trop de personnes
se complaisent dans
leurs malheurs quotidiens.

Être heureux, c'est savoir
se contenter de peu
et privilégier
la qualité sur la quantité.

Pour aller mieux,
cherchons à ne nous entourer
que de gens heureux.

Accéder au bonheur,
c'est attendre le soleil
après la pluie
et savoir qu'il demeure
quel que soit le temps.

L'adage précise :
« Pour vivre heureux,
vivons cachés. »
Le bonheur fait
tellement d'envieux !

Mais contrairement
à ce qui est dit,
le malheur des uns
ne fait pas le bonheur des autres.
Car le vrai bonheur
ne dépend que de nous-mêmes.

Les gens qui chantent
sont des gens heureux.
La musique est
un langage universel.

être heureux,
ce n'est pas être bête ;
c'est aimer seulement
les choses simples.

Le bonheur est
la partie calme de l'amour.

heures joyeuses,
heures heureuses :
c'est l'instant
du bonheur annoncé.

Les plaisirs sont aux sens
ce que le bonheur est à l'esprit.

Être heureux,
c'est avoir préparé
ces moments de vie
que l'on privilégie
pour nous permettre
d'avancer plus loin.

La qualité du bonheur des êtres
se retrouve sur le visage
des gens plus âgés.

Pour être heureux,
il faut le désirer intensément
et balayer les faux obstacles
que l'on croit tous les jours
discerner dans le noir.

être heureux
et le vivre pleinement,
c'est le début
d'une sagesse de vie.

Il n'y a pas d'âge
pour être heureux ;
il n'y a que
ces moments privilégiés.

Laissons passer les orages
car ils ne durent jamais.
Même derrière les nuages,
il y a le soleil.

être patient,
c'est aussi apprendre
à attendre le bonheur.

Être bien, se sentir bien,
c'est vivre heureux.

La sensibilité
nous fait souffrir,
mais la vraie sensibilité
nous fait aimer.

Nous nous gâchons
le bonheur
toujours pour
de mauvaises raisons.

Notre chaleur humaine
réchauffe les autres
au baromètre du bonheur.

Pour tenter d'être heureux,
il faut tenter d'aimer
même ceux
qui ne sont pas proches.

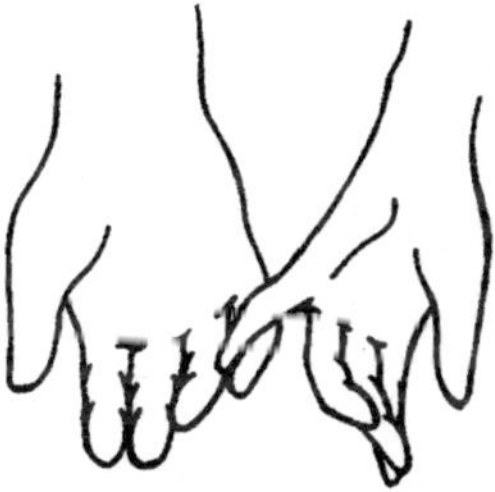

Chaque matin,
il faut se lever du lit
avec la ferme volonté
de vivre des instants
de bonheur.

dans les plus petites choses,
dans les moindres gestes
se cachent les éclats
du bonheur.

Être de bonne volonté,
c'est être réceptif
à toutes les formes
joyeuses de la vie.

Le bonheur
se vit souvent
par le silence
et fuit avec le bavardage.

Les gens heureux
voient toujours leur verre
à moitié plein,
jamais à moitié vide.

Se contenter de peu
et apprécier chaque moment,
voilà la clé d'un bonheur
accessible facilement.

Avec un peu d'amour,
on apporte
une grande quantité
de bonheurs.

Être heureux,
c'est aussi percevoir la vie
comme un don ;
en comprendre sa fragilité
et donc la vivre
avec attention et conscience.

*S'*accepter
tel que l'on est réellement,
c'est vivre heureux,
en accord avec soi-même.

C'est dans les choses simples
qu'il y a le plus de richesses.

rêve de femme :
un homme qui partage
son amour,
au sein d'un foyer
où gazouille l'enfant chéri
qu'ils ont désiré.
Rêve universel,
celui du bonheur.

La route du bonheur
se parcourt d'abord à petits pas
pour tenir la cadence
et apprendre à connaître
ce chemin ensoleillé.

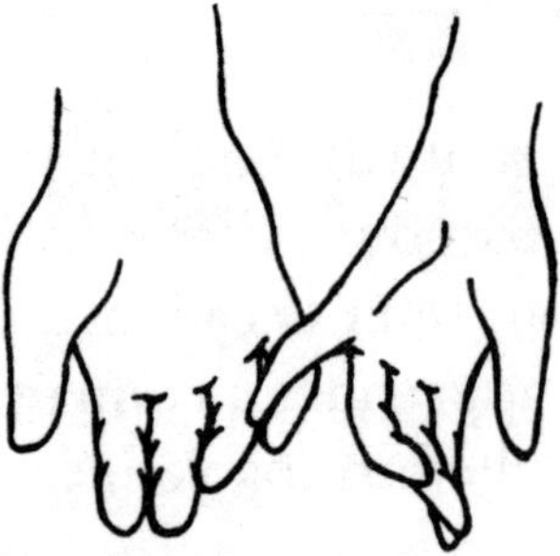

Le bonheur
est à la portée de la main,
encore faut-il tendre celle-ci.

Lorsque l'on a un doute
sur la conduite à tenir
devant une épreuve,
il faut privilégier
le sentiment du cœur
plutôt que l'analyse raisonnée.

être heureux,
c'est savoir partager.

à méditer :
avec des vies
à peu près identiques,
il y a des gens
qui sont malheureux
et d'autres
qui sont heureux.

Il ne faut pas vivre
pour les seuls plaisirs.
Il faut vivre pour tout
ce qui nous fait
toucher du cœur le bonheur.

Quand on compte ses droits,
on est tout près des malheurs ;
mais quand
on remplit ses devoirs,
on construit son bonheur.

La clé du bonheur,
c'est chercher
des portes sans serrure
pour les ouvrir aux autres.

Apprendre
à stopper le temps,
c'est apprendre
à être heureux.

Comme une plante
qui a besoin d'eau
pour vivre,
on ne peut vivre
sans bonheur.

C'est avec de vrais amis que l'on peut être heureux et partager ce sentiment généreux.

On va chercher
souvent très loin
ces bonheurs
que nous avons
à portée de la main.

Il faut apprendre
à peindre le mur
de la mémoire
avec les couleurs du bonheur.

être heureux,
c'est déployer un arc-en-ciel
là où il n'y avait
un instant auparavant
que pluie.

Comprendre comment
pensent les autres personnes,
c'est s'ouvrir à la tolérance
et donc écarter
les sources d'incompréhension
qui polluent souvent notre vie.

Être heureux,
c'est être généreux
avec les autres
puisque l'on a envie
de faire partager
son bonheur.

Il faut apprendre
à trouver la pendule
où se décomptent
les heures heureuses.

Contrairement
à ce que croient
la plupart des gens,
le bonheur ne dépend pas
des autres mais
seulement de soi-même.

Pour être heureux,
il faut être positif
avec tous les événements
que nous rencontrons
dans notre vie.

Le bonheur, ce n'est pas
ces moments de nostalgie
où l'on se souvient
des jours heureux,
c'est conjuguer le bonheur
au présent dès maintenant.

Pour être heureux,
il faut rechercher
les moments de tendresse
et être généreux de cœur.

*O*n ne peut faire le bonheur
des gens malgré eux.
Autant donc s'occuper
de nos propres instants
de bonheur.

En dehors
de la maladie grave,
il n'y a pas
de causes désespérées ;
il n'y a que des solutions
à trouver et un état d'esprit
à construire.

Il y a des gens qui ont tout
et qui sont malheureux.
Et il y a des gens qui ont peu
mais qui se contentent
de ce qu'ils possèdent ;
ils vivent le plus
souvent heureux.

Ce n'est pas par la force
que l'on modifie les choses,
mais bien par la souplesse
de caractère et par
l'action positive.

Il faut utiliser chaque matin
la méthode Coué
en se disant que
cette nouvelle journée
sera heureuse.
C'est un bon départ
pour attraper le train
du bonheur.

Il est indispensable
de relativiser les événements.
On se fait souvent
une montagne de problèmes
qui en fait sont dérisoires
ou peu essentiels.

Il y a des gens
qui aiment se gâcher la vie
et d'autres, au contraire,
qui sont résolument optimistes.
Se demander à quelle catégorie
on appartient ?

Pour être heureux,
il ne faut pas avoir peur
de penser que
nous sommes mortels.
Au contraire,
cela doit nous inciter
à vivre chaque instant
comme une éternité reçue.

*S*avoir regarder la nature,
c'est fixer l'harmonie
du bonheur
et sa démonstration.

Les moments
les plus heureux
sont ceux qui sont
les plus inattendus.

Il faut transformer
les circonstances favorables
en circonstances heureuses.

Un être
qui a un heureux caractère
est un être
qui porte le bonheur en lui.

Selon la bonne expression :
il faut autour de soi
ne faire que des heureux.

Il ne faut pas poursuivre
le bonheur éternellement ;
il faut le rattraper.

Lorsque l'on est heureux,
on est entouré d'envieux.
Pour s'en débarrasser,
il faut leur donner la recette.

Pour être heureux,
il faut mettre de la durée
dans son bonheur.

Où il y n'a pas d'amour,
il ne peut y avoir de bonheur.

Les gens heureux
sont beaux naturellement.
Sauf pour ceux
qui les jalousent.

*C*elui qui privilégie les plaisirs s'éloigne souvent du bonheur.

Être heureux,
c'est savoir accepter
les circonstances
que l'on affronte,
les lieux où l'on se trouve,
les gens que l'on rencontre.

S'il ne faut pas
compter sur les autres
pour être heureux,
il n'est pas nécessaire
pour autant d'être égoïste.

Pour être heureux,
il faut intégrer
la sérénité en soi.

Selon le dicton :
il n'y a pas de mal
à se faire du bien.
De la même façon,
il n'est pas nécessaire
d'être malheureux
pour exister.

S'il ne faut pas hésiter
à avoir des passions,
il est, en revanche,
indispensable de savoir
les contrôler.

être heureux,
c'est ressentir un amour
profond envers la vie.

Le bonheur,
ce n'est pas de jouir de tout
mais d'être heureux
avec ce que l'on possède.

Échanger le bonheur
d'être heureux
avec la personne que l'on aime,
c'est donner à ce sentiment
une valeur exponentielle.

Un geste tendre, un sourire,
un regard affectueux :
autant d'éléments
qui conduisent à être heureux
et à rendre les autres heureux.

Être heureux, c'est ressentir
un moment de plénitude
que personne
ne peut exprimer.

Le simple fait
d'être en bonne santé
devrait déjà
vous rendre heureux.

On est plus heureux
par le regard des autres
que par le reflet
de son miroir.

Il y a des gens
qui aiment se complaire
dans le malheur alors que
la véritable vie est
de se sentir en harmonie,
c'est-à-dire de s'intégrer
à l'univers.

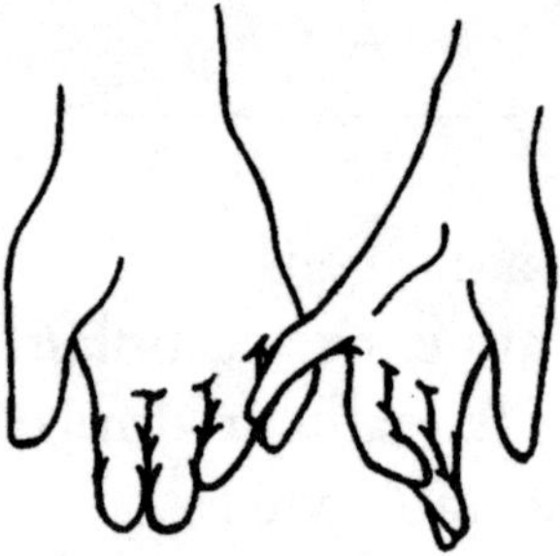

Vouloir
le bonheur des autres,
c'est vouloir
son propre bonheur.

La satisfaction
amène au bonheur
comme le stress l'en écarte.

Apprendre
à être heureux.
Cela s'apprend
surtout dès l'enfance.

Il y a des gens
qui prennent plaisir
à gâcher leur vie
et celle des autres.
Dès qu'ils sont repérés,
il faut à tout prix les éviter
car ils ne changeront pas.

être maître de soi
est une forme de bien-être.

Pour éduquer
les êtres au bonheur,
il faut d'abord
être heureux soi-même.

Il faut se méfier
des mouvements de foule
car il n'y a pas
de bonheur collectif
mais une perception
individuelle de ce sentiment.

Une victoire sur soi-même,
c'est une page de bonheur
que l'on écrit
et elle reste éternelle.

On reconnaît
les gens heureux
à leurs gestes affectueux
et enthousiastes.

Il n'y a pas
de fatalité au malheur ;
il n'y a que
mauvaise perception
des événements.

Les gens heureux sont ceux
qui parlent le moins
de leur bonheur.
Ils n'ont pas besoin
d'en convaincre leur entourage.

Être heureux, c'est vivre
une intense satisfaction
que personne
ne peut vous retirer.

La vie est peut-être
une prison parce que l'on
ne sait pas entendre
le cri des mouettes.

C'est dans le regard
de l'enfant que l'on aime
que l'on trouve la plus belle
référence du bonheur.

Le bonheur
n'est jamais derrière nous,
mais toujours devant.
Il nous attend
encore et toujours.

Lorsque l'on est heureux,
on a l'impression
d'avoir arrêté les pendules…
au moins pour un instant.

Les gens qui voient
les mêmes choses
n'en ressentent pas
la même traduction.
Il y a ceux qui visualisent
tous les défauts possibles
et les autres qui perçoivent
ce contentement d'être présent
à chaque moment de leur vie.

Soyons nous-même
notre propre philosophe ;
celui qui enseigne
avant tout le bonheur.

être heureux,
c'est être libre.

Celui qui a dominé ses instincts,
celle qui sait diriger sa vie,
portent en eux
les conditions du bonheur.

Il faut rechercher
les gens heureux
comme la lumière
dans la nuit,
pour mieux éclairer
notre chemin de vie.

Si nous portons
tous notre destin,
il appartient à chacun
de l'habiller de bonheur.

Les gens heureux
rayonnent autour d'eux.
Ils réchauffent les êtres
de leur froide solitude.

Il n'y a pas de fatalité ;
il n'y a que des êtres
qui baissent les bras
et d'autres qui les lèvent
en signe d'allégresse.

Le bonheur est comme
un rai de lumière qui touche
toutes les personnes
qu'il rencontre.

Le bien-être,
c'est être bien
avec les autres
comme avec soi-même.

Lorsque nous accomplissons
et terminons les tâches
qui nous incombent,
nous avons le sentiment
heureux d'avoir agi
en conformité avec les cycles
et les rythmes de notre vie.

Comme la liberté,
l'amour est la clé
qui ouvre la porte
des gens heureux.

Savoir accepter
les événements qui s'imposent,
c'est déjà un premier pas
vers la sagesse et une façon
de mieux se préparer
aux épreuves
que l'on rencontrera.

Il y a des gens
qui ne parlent que pour râler,
se plaindre ou geindre.
D'autres parlent d'amitié,
d'amour, de beauté,
d'harmonie.
Certains peignent leur vie
en gris, d'autres l'irisent
de la palette de l'arc-en-ciel.

La vie passe trop vite
pour la gâcher
avec ce qui est inutile,
superficiel et compliqué.

Il n'est pas
plus belle impression
que de pouvoir se dire :
je suis heureux.

La mélodie du bonheur
est celle qu'on fredonne
mal en solitaire
mais que l'on chante
harmonieusement à deux.

Si les gens heureux
« n'ont pas d'histoires »,
c'est parce qu'ils
ne font pas d'histoires.
Ils respectent les autres
et s'en portent mieux.

Être bien dans sa tête,
c'est être bien dans son corps.
L'inverse est aussi vrai.
C'est pourquoi il faut
entretenir son corps
pour en favoriser
les performances.

Sentir le moment
comme juste,
c'est faire venir
le moment d'être heureux.

Être heureux,
c'est obtenir un équilibre
dans notre vie
de tous les jours.

Être de bonne volonté,
c'est être réceptif
à toutes les formes
joyeuses de la vie.

Être heureux,
c'est aussi
faire silence en soi,
afin de mieux
écouter les autres
et de les comprendre.

Il faut être heureux
si l'on veut parcourir sa vie
comme une fleur qui s'ouvre.

IMPRIMÉ EN FRANCE PAR BRODARD ET TAUPIN
26461 - La Flèche (Sarthe), le 14-10-2004
Dépôt légal : mars 2003